UNE LETTRE INÉDITE

DE LA

PRINCESSE DES URSINS

PAR M. ED. SÉNEMAUD

Professeur au Lycée impérial d'Angoulême;
Secrétaire de la Société Archéologique et Historique de la Charente;
Membre titulaire de la Société des Antiquaires de l'Ouest;
Membre correspondant de la Société Archéologique et Historique du Limousin.

PARIS

A. CLAUDIN, LIBRAIRE,

42, rue d'Anjou-Dauphine.

—

1860.

UNE LETTRE INÉDITE

DE LA

PRINCESSE DES URSINS

ANGOULÊME, IMPRIMERIE A. NADAUD ET Cᵉ (LEFRAISE)

RUE DU MARCHÉ, 6

UNE LETTRE INÉDITE

DE LA

PRINCESSE DES URSINS

Par M. Ed. SÉNEMAUD

Professeur au Lycée impérial d'Angoulême ;
Secrétaire de la Société Archéologique et Historique de la Charente ;
Membre titulaire de la Société des Antiquaires de l'Ouest ;
Membre correspondant de la Société Archéologique et Historique du Limousin.

PARIS

A. CLAUDIN, LIBRAIRE,

12, rue d'Anjou-Dauphine.

—

1860.

UNE LETTRE INÉDITE

PRINCESSE DES URSINS

Cette lettre de la princesse des Ursins et les pièces qui l'accompagnent sont extraites de nos Archives Charentaises. J'avais déjà communiqué ces divers documents à la *Société Archéologique et Historique de la Charente* (1). Je reproduis aujourd'hui ce premier travail, en le faisant suivre de quelques notes généalogiques et biographiques. Ces pièces sont entièrement inédites et peuvent, jusqu'à un certain point, servir de complément aux livres publiés récemment sur Mme des Ursins.

Marie-Anne de la Trémoille, princesse des Ursins, fille de Louis de la Trémoille, duc de Noirmoutier (2), naquit en 1642 ou 1643. Elle épousa, en 1659, Adrien-Blaise de Talleyrand, prince de Chalais, qui fut contraint

---

(1) V. procès-verbal du 3 juin 1859, *Bulletin* du 2e trimestre, p. 55-59.

(2) V. notes et pièces justificatives, n° I.

de quitter la France en 1663, à la suite d'un duel (1). M. de Chalais mourut à Mestre, près de Venise, en 1670. Sa veuve, qui l'avait suivi, se trouvait sans fortune; elle se retira à Rome, au couvent de Santa-Maria. Grâce à la protection de MM. de Bouillon et d'Estrées, cardinaux français, la princesse de Chalais épousa, en 1675, le chef de la puissante famille des Orsini, Flavio, duc de Bracciano, prince des Ursins, un des grands seigneurs de Rome. Alors âgé de soixante ans, le duc, d'une santé faible et maladive, était veuf depuis le 29 avril 1674, de Ludovisia, nièce du pape Grégoire XV. De cette époque date l'existence politique de la princesse des Ursins.

Veuve en 1698, la duchesse de Bracciano, connue désormais sous le nom de princesse des Ursins, vit s'accroître encore l'influence qu'elle devait à son luxe, au charme de son esprit, aux grâces de ses manières, à son ambition et à son habileté. Elle se trouvait ainsi libre et presque puissante lorsqu'on parla du mariage du roi d'Espagne, Philippe V, avec la princesse de Savoie, Marie-Louise (2). Mme des Ursins se fit choisir pour camarera-mayor de la nouvelle reine et la suivit à Madrid en 1701. Devenue toute-puissante à la cour d'Espagne, qu'elle gouverna pendant près de quinze

---

(1) V. notes et pièces justificatives, n° II.

(2) MARIE-LOUISE, née en 1688, morte en 1714. Elle donna quatre enfants à Philippe V : 1. Louis Ier, roi d'Espagne, né en 1707, mort en 1724, après sept mois de règne, sans postérité de sa femme, Louise-Élisabeth d'Orléans. — 2. PHILIPPE, né en 1709, mort au bout de quelques jours. — 3. PHILIPPE-PIERRE, né en 1712, mort en 1719. — 4. FERDINAND VI, né en 1713, roi en 1746, mort en 1759, sans enfants de sa femme, MARIE-BARBE de Portugal.

ans, la princesse osa un jour faire arrêter, aux portes de Madrid, un courrier de l'ambassadeur de Louis XIV, et saisir les dépêches que le ministre écrivait au roi, sûre d'y trouver une dénonciation dirigée contre elle par l'abbé d'Estrées, neveu de ce même cardinal d'Estrées qui lui était alors aussi hostile (1703) qu'il s'était montré dévoué en 1674, quand il voulait la marier au duc de Bracciano.

Il paraît que, dans cette dépêche, l'ambassadeur parlait de rapports intimes que l'on disait exister entre la princesse et son premier écuyer d'Aubigny (1), rapports tellement intimes, qu'on était obligé de croire Mme des Ursins mariée secrètement avec son domestique, pour s'éviter une supposition outrageante pour une femme de son rang. La princesse, outrée de ce soupçon, écrivit en marge de la dépêche ces trois mots : « POUR MARIÉE... NON ! » les signa, recacheta le paquet, après avoir montré la lettre au roi et à la reine d'Espagne, et, si nous en croyons Saint-Simon, renvoya le tout en cet état au roi de France, « avec les plaintes les plus emportées contre l'abbé d'Estrées, d'avoir écrit sans lui montrer sa lettre, comme ils en étaient convenus, et de l'injure atroce qu'il lui faisait sur ce prétendu mariage (2). »

---

(1) V. notes et pièces justificatives, n° III.

(1) D'après une autre version, la lettre aurait été envoyée par la princesse à son frère, le duc de Noirmoutier, qui en aurait fait part à Torcy, et ce dernier en aurait parlé au roi. (V. *Recueil* de M. Geffroy, lettres 52, 53 et 54, et le livre de M. Combes, *la Princesse des Ursins, etc.*, page 155. — V. encore le tome III des *Mémoires de Saint-Simon*, collationnés par M. Chéruel (1856, in-12,

En 1704, Mme des Ursins reçut l'ordre de Louis XIV de quitter la cour d'Espagne. Elle vécut quelque temps à Toulouse ; puis, en janvier 1705, elle eut permission de se rendre à Paris. Rentrée en grâce, elle repartit pour l'Espagne au mois de juillet. Son crédit se maintint à la cour de Philippe V jusqu'à l'arrivée de la princesse de Parme (1), nouvelle épouse du petit-fils de Louis XIV. Perdue à tout jamais par l'aventure de Quadraqué, la princesse revint à Paris, où elle fut reçue froidement ; elle quitta la France en août 1715, séjourna quelque temps à Gênes et alla finir ses jours à Rome, où elle mourut le 5 décembre 1722, âgée de plus de quatre-vingts ans.

Deux écrivains, M. Geffroy et M. Combes, ont publié, dans ces derniers temps, le premier, les *Lettres inédites* de Mme des Ursins, et M. Combes, un *Essai* sur la princesse, sa vie et son caractère politique. Dans ces deux ouvrages, dont je m'empresserai de proclamer le mérite, j'ai remarqué de légères erreurs qui doivent être rectifiées. Je ne saurais admettre comme époque de la naissance de Marie-Anne de la Trémoille la date de 1635, que M. Geffroy, dans sa remarquable introduction, veut substituer à la date de 1642, acceptée jusqu'à ce jour et sanctionnée par l'autorité des biographes et des généalogistes les plus estimés.

---

p. 61) ; le tome III des *Mémoires politiques et militaires, composés sur les pièces originales recueillies par* ADRIEN-MAURICE, *duc de* NOAILLES, *etc.*, par l'abbé Millot (1777, in-12, p. 178), et le tome II des *Mémoires secrets* extraits de la correspondance du marquis de Louville (1818, in-8°, p. 127.)

(1) V. notes et pièces justificatives, n° IV.

Le P. Anselme et les généalogistes qui l'ont suivi ont adopté 1642, et, jusqu'à preuve contraire, leur autorité me paraît seule admissible. L'époque du mariage du duc de Noirmoutier, bien connue, suffirait d'ailleurs, à défaut d'autre preuve, pour trancher la question. Le duc, né le 25 décembre 1612, épousa, en novembre 1640, Renée-Julie Aubry (1), morte en 1679, à l'âge de soixante-et-un ans. Cette date du mariage est précise; elle me dispense de réfuter autrement celle de 1635, assignée par M. Geffroy à la naissance de la princesse des Ursins, qui, de quelque manière que ce soit, n'a jamais pu naître avant les derniers mois de 1641 (2).

M. Combes, chapitre III, page 19 de son *Essai,* prétend que Marie-Anne de la Trémoille fut mariée en premières noces avec l'*aïeul d'un grand diplomate moderne,* avec Adrien-Blaise de Talleyrand, prince de Chalais; j'ai peine à comprendre comment parcille erreur a pu s'échapper de la plume de l'auteur, qui n'ignorait pas, sans doute, que le prince de Chalais mourut sans enfants, et que sa succession passa à son frère Jean de Talleyrand de Périgord (3).

La correspondance que je publie se compose des pièces suivantes :

1° Lettre datée de Gênes, le 6 février 1718, de la

---

(1) V. notes et pièces justificatives, n° V.

(2) V. le tome IV de l'*Histoire généalogique et chronologique de la royale maison de France, des pairs, grands officiers de la couronne, etc.,* par le P. Anselme (de la Vierge Marie), continuée par M. du Fourny, 3e édition, etc. — *Paris,* 1726-1733, in-fol., 9 vol.

(3) V. notes et pièces justificatives, n° VI, pour la notice généalogique.

princesse des Ursins à son neveu le prince de Chalais ;

2° Lettre de Delatize, secrétaire de la princesse, datée de Gênes, le 16 mars 1717 et adressée au prince de Chalais ;

3° Première lettre de d'Aubigny, du 12 juin 1719, au prince de Chalais, beau-frère de la princesse ;

4° Deuxième lettre de d'Aubigny, du 13 août 1720,

5° Troisième lettre de d'Aubigny, du 10 septembre 1720.

A la suite de ces lettres vient un compte des sommes dues à Mme des Ursins, et de celles qui lui ont été payées depuis l'année 1694 jusqu'en 1722. Il prendra place aux notes et pièces justificatives (1), avec quelques autres notes ou pièces relatives aux affaires de la princesse.

Je finirai par une courte observation à propos des lettres de d'Aubigny. On sait qu'elles sont rares, et la première semblerait détruire complètement une assertion de Saint-Simon, reproduite par les biographes, qui ont toujours affirmé que la princesse des Ursins aurait été fidèlement payée jusqu'à sa mort de ses pensions de France et d'Espagne.

Quant à la lettre du secrétaire Delatize, je la crois unique. Je joins à ma publication un *fac-simile* de l'écriture de Mme des Ursins, du prince de Chalais, son neveu, de d'Aubigny et de Delatize.

Ces divers documents sont extraits, je l'ai dit plus haut, du dépôt de nos archives départementales, liasses 1 à 5 de la série E, fonds Chalais.

---

(1) V. notes et pièces justificatives, n° VII.

I. — *Lettre de la Princesse des Ursins au Prince de Chalais.*

A Gênes, le 6e feu. 1718.

Voicy la troisième lettre que je reçois de V. E., mon cher neveu, depuis votre arrivée à Madrid. Elles m'ont fait un égal plaisir par les assurances que vous m'y donnez de la bonne santé de L. M. C. et de celle des trois infants et de leur beauté ; mais ma joye n'a pas été parfaite parce que vous me dites que le rhume de Mgr le Prince n'est point encore passé et qu'il l'a un peu maigri. Vous croyés cependant que la principale cause de sa maigreur vient de ce que S. A. croît beaucoup, et cela arrive d'ordinaire. Je ne laisserai pas d'attendre avec bien de l'impatience son entière guérison. Je ne scay si ma lettre ne vous trouvera point parti pour Cadix, parce que vous me marquiés qu'on devoit vous y envoyer. Je ne suis point surprise de la manière soumise avec laquelle vous vous disposés de recevoir tel employ qu'il plaira à S. M. C. de vous donner, car je vous ay toujours veu dans le désir de luy faire connoître votre respectueux attachement, et de vous distinguer en ne souhaitant de sa bonté que ce qui luy plairoit ; continués, mon cher neveu, dans ces sentiments, vous avés à faire à un grand roy, aussy bon que généreux, et qui vous faira l'honneur de vous avancer quand il croira qu'il s'agira de son service et de votre réputation ; ainsi vous devés être tranquille, et laisser agir sa générosité. Vous avés d'ailleurs tout sujet de vous confier à Mgr le cardinal Alberonny, qui vous a fait l'honneur de vous donner déjà des marques de son amitié.

C'est grand domage qu'une aussy jolie femme que Mme la duchesse de Bejar soit morte, c'est une douloureuse perte pour M. son mary, que je plains fort en cette occasion. J'ay écrit à Mme de Cordoüe pour luy marquer la part que je prends à l'affliction qu'elle et Mlle sa sœur ont de cette perte, qui est une preuve de leur bon cœur. Je ne leur ay pas laissé ignorer combien le votre est touché de la manière obligeante dont elles en usent avec V. E. Pour moy, mon cher neveu, je leur en scay le meilleur gré du monde, par l'intérest que je prends à tout ce qui vous touche, je me flatte que je vous persuaderai aisément cette vérité, et que personne ne vous honore davantage que votre très humble et très obéissante servante,

La Princesse DES URSINS.

La Reyne doüairière ne s'étant pas contentée de me faire l'honneur de vous demander de mes nouvelles, en vous disant des choses très honnêtes pour moy, en parla également à M. et à Mme la duchesse d'Havré; j'ay cru de mon devoir de me donner l'honneur de luy en faire mon respectueux remerciement par une lettre que je prends la liberté d'écrire à S. M.

II. — *Lettre de Delatize au Prince de Chalais, neveu de la Princesse des Ursins.*

MONSEIGNEUR,

Votre Excellence ne recevra pas par ce courrier de lettres de Mme la princesse des Ursins. S. A. ma chargé d'avoir l'honneur de vous écrire pour vous assurer du bon état de sa santé. Elle a été très inquiète de celle de Mme la comtesse d'Egmont. Ces trois saignées et l'émétique qui les a suivies de si près, luy faisoient apréhender des fâcheuses suites de son mal, sur lequel V. E. ne s'étoit point expliquée. La lettre de M. de Lanty, qui est venue le courier d'après la votre, l'a un peu rassurée; seulement parce qu'elle n'en dit rien.

M. le prince de Morbec, frère de Mme de Dangeau et ancien ami de S. A., est depuis quelques jours en cette ville; il est venu visiter Mme la Princesse, qui a eu bien du plaisir de le revoir.

Le grand gout que S. A. a pour les bâtiments ne l'a point quittée dans un pays où l'on loüe tous ceux qui y sont, et auxquels elle trouve bien des deffauts; elle auroit envie de connoître l'agréable maison de campagne où V. E. a été l'été dernier, elle seroit bien parfaite si on n'y trouvoit quelques changements à faire; la description que vous en fairés l'amusera quelques moments, et vous ne serés pas faché de cela, non plus que moy d'avoir trouvé une nouvelle occasion d'assurer V. E. de mon zèle parfait et du profond respect avec lequel je suis,

Monseigneur,

de Votre Excellence,

A Gênes, ce 16e mars 1717.

le très humble, très obéissant et très obligé serviteur,

DELATIZE.

III. — *1re Lettre de d'Aubigny à Jean de Talleyrand, Prince de Chálais, beau-frère de la Princesse des Ursins.*

MONSIEUR,

Permettez moy s'il vous plaist de m'adresser à vous pour scavoir ce que je dois respondre à Mme la Princesse des

Ursins sur les plaintes qu'elle me fait du peu d'argent que vos fermiers envoyent à M. le Roy ; elle n'a jamais esté bien payée, mais depuis qu'elle est sortie de France en dernier lieu, il semble que ces gens là la compte pour rien. Sa situation cependant demande des secours prompts et effectifs, car depuis la guerre de Sicile, elle ne tire plus rien d'Espagne et elle perd, à cause du change, la moitié de ce que je puis luy envoyer d'icy. Je lui mande par cet ordinaire, Monsieur, que je vais me donner l'honneur de vous escrire, et que si vos affaires ou d'autres raisons ne vous permettent pas de donner à ses intérêts toute l'attention que vous souhaitteriez, je me transporteray sur les lieux pour faire rendre compte à ces fermiers et remédier par toute sorte de voyes à ce désordre. C'est effectivement mon intention, y estant obligé par la procuration qu'elle m'a laissé, et bien plus encore par la peine que je ressens de la voir forcée de rester à Gennes, où elle perd la veue, faute de moyens pour aller à Rome, ou l'aire luy seroit beaucoup plus convenable. Je vous supplie donc très humblement, Monsieur, de vouloir bien faire scavoir ce que je puis attendre de vos soins, tant pour la faire payer de ce qui lui est deub des dernières années, que pour mieux assurer l'advenir, afin que je prenne mes mesures, selon ce que vous me prescrirez. M. le Roy m'escrivit il y a quelques mois que vous luy demandiez copie de la procuration en vertu de laquelle il a receu les payements que vous luy avez fait faire pour le compte de Son Altesse. Nous n'estions ny l'un ny l'autre à portée dans ce temps là de vous obéir ; il me l'a enfin donné dans un voyage qu'il a fait depuis peu à Paris, et je vous l'envoye dans les formes. J'y joints de plus la copie de celle que Mme la Princesse m'a laissée en partant pour Gennes, et d'abondant pour vostre plus grande seureté, je reconnois par cette lettre, pour bien employez tous les payements faits à compte de ce qui est deub à S. A. dont M. le Roy a donné des receus. J'ay l'honneur d'estre avec l'attachement le plus respectueux,

       Monsieur,

      A Paris, le 12 juin 1719.

Je vous supplie de m'adresser vos ordres à Paris, sur le quay de la Tournelle, où je demeure.	Vostre très humble et très obéissant serviteur, D'AUBIGNY.

IV. — 2ᵉ *Lettre de d'Aubigny à Jean de Talleyrand, Prince de Chalais.*

    MONSIEUR,

Le 9 de ce mois, M. Bonnain ma compté en billets de banque la somme de quatre-vingt-dix milles livres dont je luy ai donné ma reconnoissance. Je l'ay mandé aussy tost à Mᵐᵉ la Princesse des Ursins, et je ne doute pas qu'un payement si considérable ne la porte encore davantage à terminer favorablement le compte que vous avez ensemble. Comme il est d'une conséquence infinie pour vostre maison, Monsieur, que cela se fasse au plus tost, je vais travailler sans relâche à rassembler tout ce qui peut vous servir à le constater; cela ne sera pas difficile, parceque j'ay toujours eu la plus grande exactitude à escrire ce que je recevois; mais les longs et différents voyages que j'ay fait depuis trente ans à la suite de Mᵐᵉ la Princesse des Ursins, ne m'ayant pas toujours permis d'avoir mes livres auprès de moy ny en mesme lieu, je ne pourray finir cet ouvrage qu'en Touraine, où je trouveray ce qui me manque à Paris. Heureusement M. le Roy, dont j'ay le plus de besoin, pour collationer mes receus sur les lieus, y est desja et a tous ses livres avec luy. Quant à ce qui regarde M. Hertsfelt, ne l'ayant point sous ma main et estant accablé d'années, je m'en tiendray à un mémoire instructif et escrit de sa main, qu'il me donnast lorsque je commençay à me charger des affaires de Mme la Princesse.

M. le marquis d'Exideuil doit avoir, autant que je m'en puis ressouvenir, un arresté de Mme la Princesse, qu'elle luy donna à Paris le 25 juillet 1694.

Vous devez aussy trouver parmis vos papiers un compte que j'ay eu l'honneur de vous envoyer le 15 avril 1709. Ils peuvent d'autant plus vous aider, Monsieur, que dans ce temps là vous pristes la peine de m'escrire que tout ce que je disois estoit vray. Je ne parle néantmoins, quant à présent, que de mémoire ; mais jen retrouveray les preuves en Touraine, que je joindray au compte général que j'auray soin de vous envoyer le plustost qu'il sera possible.

Je n'ay appris que par vostre lettre, Monsieur, la dangereuse maladie que vous avez eu : je loue Dieu qu'il nous ait conservé un exemple de vertu et de piété si rare et si nécessaire dans la corruption générale du temps présent. Je suis avec l'attachement le plus sincère et le plus respectueux,

Monsieur,

Vostre très humble et très
A Paris, le 13 aoust 1720.   obéissant serviteur,

D'Aubigny.

Je vous supplie très humblement
de me faire avoir une copie de la procuration que je vous

ay envoyé il y a quelque temps, par laquelle Mme la P. des Ursins m'autorise à compter avec vous. Le scellé apposé sur les papiers du feu sieur Peyret, qui gardoit ces notes, est cause que je ne scais ny la datte ny quand elle a été déposée.

V. — *3e Lettre de d'Aubigny à Jean de Talleyrand, Prince de Chalais.*

MONSIEUR ,

J'ay profité de la procuration que vous avez bien voulu me communiquer, pour rappeler au notaire qui l'a passée, des dattes qu'il avait parfaitement oublié, et au lieu d'un simple billet que j'avois fait à M. Bonain, je luy ay fourni, par ce moyen, une quittance en forme, telle qu'il a pu la souhaitter pour vostre seureté et celle de madame la Princesse de Chalais ; mon voyage en Touraine, traversé depuis deux mois par une infinité de contretemps, est enfin fixé au vingt du courant. J'ay l'honneur de vous asseurer encore que mes premiers soins seront, Monsieur, de travailler à vostre compte et de vous l'envoyer au plustost ; comme je scais mieux qu'un autre l'importance dont il est pour vostre maison que vous l'arrestiez incessenment, je m'y appliqueray sans interruption, persuadé que je ne puis vous donner une preuve plus forte du respectueux dévouement avec lequel je suis,

Monsieur,

A Paris, le 10 sepb. 1720.

Vostre très humble et très obéissant serviteur,

D'AUBIGNY.

NOTES ET PIÈCES JUSTIFICATIVES.

I.

Louis DE LA TRÉMOILLE, marquis, puis duc de Noirmoutier, lieutenant général, descendu au sixième degré du chevalier sans peur et sans reproche, naquit le 25 décembre 1612. Il fit ses premières armes comme volontaire, en 1635, à la bataille d'Avein et aux siéges de Tirlemont et de Louvain ; obtint une compagnie au régiment de Bellefonds et la commanda, en 1636, au siége de Corbie, et, en 1637, à ceux d'Ivoy et de Damvilliers, et à la défaite des Espagnols près de Pont-de-Vaux, sous M. de Turenne. Il servit, en 1638, sous le duc de Longueville ; fut présent au siége et à la réduction de Brisach ; fit les campagnes de 1639, 1640 et 1641, sous le maréchal de la Meilleraye ; servit en Allemagne sous le maréchal de Guébriant, en 1643 ; fut créé maréchal de camp le 26 mai et pourvu, le 5 juin, de la lieutenance générale du gouvernement d'Anjou. Il se distingua à Fribourg, fut fait prisonnier au combat d'Ettingen et rentra en France au mois d'octobre 1644. Les deux années suivantes, le marquis de la Trémoille servit sous Monsieur et prit part à l'expédition du maréchal de Gassion sur les quartiers du prince Charles de Lorraine. Le roi lui donna, le 13 mai, le commandement des troupes de l'armée de Flandre, qu'il réunit à celles de Sa Majesté. Il prit part à la prise de Courtray, à la reprise de Mardick et à la réduction de Furnes et de Dunkerque. Il fut blessé au siége de Dixmude, au mois de juillet 1647 ; prit, le 15 mai 1648, le commandement de la cavalerie de Flandre et concourut à la bataille de Lens et à la défaite des Espagnols par le grand Condé ; il commanda en Anjou en 1649 ; fut élevé au grade de lieutenant général des armées, le 7 juillet 1650 ; fut employé, sous le maréchal du Plessis-Praslin, au secours de Guise ; s'empara de Châteauneuf dans la nuit du 5 au 6 septembre ; concourut à la prise de Réthel et à la victoire remportée sur Turenne près de cette place, le 15 décembre. Sous le maréchal d'Aumont, en 1651, il marcha au secours de Vintimille. Il obtint ensuite le gouvernement de Charleville et du Mont-Olympe, le 11 avril 1653 ; contribua à la défaite des ennemis devant Couvains, et mourut à Châteauvillain, le 12 octobre 1666.

II.

ADRIEN-BLAISE DE TALLEYRAND, prince de Chalais, marquis d'Excideuil, était fils de Charles de Talleyrand, IIe du nom, et de Charlotte de Pompadour. Il fut exilé par Louis XIV à la suite du duel qu'il eut, en 1663, contre les deux de la Frette, le chevalier de Saint-Aignan et le marquis d'Argenlieu, et dans lequel il fut secondé par son beau-frère de la Trémoille, MM. d'Antin et de Flamarens. Adrien-Blaise avait épousé, le 5 juillet 1659, Marie-Anne de la Trémoille. Il mourut, sans enfants, au village de Mestre, près de Venise, en 1670.

Voici l'article que lui consacre Amelot de la Houssaie dans ses *Mémoires historiques, politiques, critiques et littéraires :*

« Le comte de Chalais, qui était de mon temps prisonnier au château de Lisbonne, n'appelait jamais le roy de Portugal autrement que duc de Bragance ; il voulait être traité d'altesse à cause que le roy d'Espagne, Philippe IV, lui avait accordé le titre de prince. Il vint aussi de mon temps à Venise, où son titre de prince ne le fit pas plus considérer qu'à Lisbonne. Il mourut à Mestre, qui est un village proche de Venise, dans une si grande pauvreté, que je ne pus le voir, les deux fois que j'y allai durant sa maladie, sans pleurer à chaudes larmes. Sa veuve, qui est de la maison de la Trémoille, a été depuis duchesse de Bracciano, dont elle est aujourd'hui douairière, sous le nom de princesse des Ursins. »

(Tome II, p. 351 ; *Amsterdam*, 1737.)

III.

BOUTROR D'AUBIGNY, fils d'un procureur au parlement de Paris, devint secrétaire, puis intendant et écuyer de la princesse ; il

resta toujours son confident et son agent le plus sûr. Il avait
acquis un crédit et une fortune considérables. La princesse le
chargea de diverses missions, notamment de la négociation rela-
tive à la principauté qui devait lui être réservée dans les Pays-Bas.
Ce fut lui qui fit bâtir Chanteloup, près Amboise. L'affaire de la
principauté vint à manquer et ce château lui resta. Il passa à sa
fille unique, mariée au marquis de Conflans-Armentières.

IV.

ÉLISABETH FARNÈSE, morte en 1766, seconde femme de Philippe V.
Le roi d'Espagne eut de ce second mariage :

1. CHARLES III, né en 1716, mort en 1788, après 55 ans de règne.
2. FRANÇOIS, né en 1717, mort la même année.
3. PHILIPPE, duc de Parme, né en 1720, mort en 1765 d'une
chute de cheval.
4. LOUIS-ANTOINE, né en 1725, mort en 1776. Il épousa Maria
Vallabriga, dont il eut : Louis, cardinal, archevêque de Tolède,
et deux filles, dont l'une épousa le prince de la Paix.
5. MARIE-ANNE, née en 1718, fiancée d'abord à Louis XV, puis
mariée au roi de Portugal. Elle mourut en 1781.
6. MARIE-THÉRÈSE, née en 1726, qui épousa Louis, dauphin,
fils de Louis XV, et mourut en 1746.
7. MARIE-ANTOINETTE, née en 1729, qui épousa le duc de Savoie.

V.

RENÉE-JULIE AUBRY ou AUBERY, fille unique de Jean Aubry,
seigneur de Tilleport, maître des requêtes, conseiller d'État, et de
Françoise Le Breton Villandry, fut mariée, au mois de novembre
1640, à Louis de la Trémoille, IIe du nom, premier duc de Noirmoutier. De ce mariage naquirent :

1. LOUIS-ALEXANDRE DE LA TRÉMOILLE, duc de Noirmoutier,
né en 1642, tué dans la guerre de Portugal contre les Espagnols, au mois de mars 1667.
2. ANTOINE-FRANÇOIS DE LA TRÉMOILLE, duc de Royan.

3. HENRY DE LA TRÉMOILLE, dit le *comte de Noirmoutier,* tué au combat de Senef, le 11 août 1674.

4. JOSEPH-FRANÇOIS, abbé de Lagny, de Sorrèze, de Haute-Combe en Savoie, de Grand-Selve, de Saint-Amand près de Tournay et de Saint-Etienne de Caen. Nommé auditeur de rote à Rome en 1693, créé cardinal du titre de la Trinité-du-Mont, par le pape Clément XI, à la promotion du 17 mai 1706, il fut chargé des affaires de France à Rome, au départ du cardinal de Janson. Le roi le nomma commandeur de l'ordre du Saint-Esprit en 1708 ensuite évêque de Bayeux en janvier 1716, et, au mois d'avril suivant, archevêque de Cambrai. Le pape Clément XI le sacra le 30 mai 1719. Il mourut à Rome le 10 janvier 1720.

5. ROBERT, muet, mort en 1670 à l'abbaye du Jard, près Melun.

6. MARIE-ANNE DE LA TRÉMOILLE, qui épousa : 1° en 1659, Adrien-Blaise de Talleyrand, mort à Mestre, près de Venise, en 1670 ; 2° en 1675, FLAVIO ORSINI, duc de Bracciano. Elle mourut à Rome le 5 décembre 1722.

7. YOLANDE-JULIE DE LA TRÉMOILLE, mariée le 31 décembre 1675 à François de la Trémoille, marquis de Royan, comte d'Olonne, morte le 10 mai 1693. Elle en eut deux fils, morts jeunes, et deux filles.

8. LOUISE-ANGÉLIQUE DE LA TRÉMOILLE, mariée au mois de novembre 1682, à Antoine de la Rovère, duc de Lanti, prince de Belmont, nommé chevalier des ordres du roi, mort à Rome le 5 mai 1716. Louise-Angélique mourut à Paris le 25 novembre 1698.

9. CHARLOTTE DE LA TRÉMOILLE (1).

VI.

1° CHARLES DE TALLEYRAND, IIᵉ du nom, comte de Grignols, prince de Chalais, marquis d'Excideuil, baron de Mareuil et de

---

(1) Scévole de Sainte-Marthe, dans son abrégé de l'*Histoire généalogique de la maison de la Trémoille,* p. 297-298 (1667, in-8°), donne huit enfants à Louis de la Trémoille et Julie Aubry. Il mentionne l'aîné, Louis-Alexandre, comme né en 1642, et ne fixe aucune date pour la naissance de Marie-Anne, qui vient immédiatement après lui.

Beauville, fils de Daniel de Talleyrand et de Jeanne-Françoise de Montesquiou de Lasseran de Massencomme-Montluc, est présumé, d'après les généalogies dressées en 1784 et 1835 (1), descendre des anciens comtes de Périgord. Il fut chargé par le roi Louis XIII d'une mission diplomatique en Turquie et en Russie. Il avait épousé, le 27 février 1637, Charlotte de Pompadour, fille de Léonard-Philibert, vicomte de Pompadour, lieutenant général en Limousin, etc. De ce mariage il eut :

1. ADRIEN-BLAISE DE TALLEYRAND, prince de Chalais, etc., mort à Mestre, près Venise, en 1670.

2. PIERRE DE TALLEYRAND, mort sans postérité, en 1662, au service de l'empereur d'Allemagne, dans la guerre contre les Turcs.

3. JEAN DE TALLEYRAND, dont l'article suit.

4. ANDRÉ DE TALLEYRAND.

2° JEAN DE TALLEYRAND-PÉRIGORD, IIe du nom, comte de Grignols, prince de Chalais, marquis d'Excideuil, baron de Mareuil et de Beauville, quitta l'état ecclésiastique, où il était connu sous le nom d'abbé de Périgord, après la mort de son frère ainé, Adrien-Blaise, auquel il succéda ; il épousa, le 12 février 1676, Julie de Pompadour, fille de Philibert-Félix de Pompadour, marquis de Laurière et de Rys, baron de Nontron, sénéchal et gouverneur de Périgord, et de Catherine de Sainte-Maure-Montausier. Il mourut en 1731, et Julie de Pompadour le 30 mars 1741. De ce mariage vinrent :

1. PHILIBERT DE TALLEYRAND, mort à Landaw, en 1704, des blessures qu'il avait reçues à la bataille de Spire. Il n'était pas marié.

2. JEAN-CHARLES, dont l'article suit.

3° JEAN-CHARLES DE TALLEYRAND-PÉRIGORD, Ier du nom, comte de Grignols, prince de Chalais, marquis d'Excideuil, baron de Mareuil, etc., grand d'Espagne de la première classe, gouver-

---

(1) V. *Art de vérifier les dates*, 3e édition, 3 vol. in-fol., 1783, 1784, 1787 et 1792, par D. Clément (François), membre de la congrégation des bénédictins de Saint-Maur, tome II, et *Précis historique sur les comtes de Périgord et les branches qui en descendent*, par Saint-Allais, 1836, in-4°.

neur de Berry, servit d'abord dans la marine. Il fit plusieurs campagnes sur mer, en qualité d'enseigne, de lieutenant de vaisseau, puis de capitaine de frégate. La princesse des Ursins, sa tante, l'appela en Espagne en 1711, et il y servit en qualité d'exempt des gardes flamandes avec brevet de colonel. Il obtint, le 28 février 1712, le grade de brigadier. Le roi d'Espagne le rappela, en 1714, du siége de Barcelone, pour l'envoyer auprès de Louis XIV, son aïeul, négocier son mariage avec la princesse de Parme ; à son retour, il fut nommé grand d'Espagne de la première classe par diplôme du 1er octobre 1714, et, par lettres-patentes du mois de novembre 1722, il lui fut permis d'accepter la grandesse. Il fut pourvu, au mois de septembre 1737, du gouvernement du haut et bas Berry, et mourut le 24 février 1757 au château de Chalais.

Il avait épousé, le 11 décembre 1722, Marie-Françoise de Rochechouart, dame du palais de la reine, fille de Louis de Rochechouart, duc de Mortemart, pair de France, général des galères, et de Marie-Anne Colbert de Seignelay. Elle était alors veuve de Michel Chamillart, marquis de Cany, fils de Chamillart, ancien ministre secrétaire d'État.

De ce mariage vinrent :

1. Philippe-Élisabeth de TALLEYRAND-PÉRIGORD, né le 22 septembre 1724, mort au mois de mai 1727.

2. Marie-Françoise-Marguerite de TALLEYRAND-PÉRIGORD, née le 10 août 1727, princesse de Chalais, marquise d'Excideuil, etc., grande d'Espagne ; mariée, en 1743, à Gabriel-Marie de Talleyrand, comte de Périgord et de Grignols, chevalier des ordres du roi, à qui elle porta les biens de la branche de Chalais, qui s'est fondue dans la troisième branche de la maison de Talleyrand-Périgord, aujourd'hui la branche aînée.

DANIEL-MARIE-ANNE DE TALLEYRAND-PÉRIGORD, marquis de Talleyrand, issu d'André de Talleyrand (1), quatrième fils de Daniel

---

(1) On trouve trace de quelques autres membres de la famille Talleyrand établis en Angoumois de 1622 à 1634, et qui descendaient d'une branche dont les généalogistes ne font aucune mention. — Le 5 novembre 1634, par acte passé devant Seguin, notaire royal à Angoulême, entre JEAN DE TALLERAND DE GRIGNAUX, écuyer, sieur de Puydenelle, et Etienne de Chilloux, sieur des Fontenelles, il est

de Talleyrand-Périgord et de Jeanne-Françoise de Montluc, et tué au siége de Tournay en 1745, est la tige des divers rameaux actuels. Il avait été marié deux fois ; du premier lit il eut Gabriel-Marie de Talleyrand, comte de Périgord, aïeul d'Augustin-Marie-Élie, chef du nom et des armes de la maison.

Du second lit étaient issus :

1. Charles-Daniel, père du prince de Talleyrand et d'Archambaud-Joseph, dont le fils Alexandre-Edmond est devenu chef de la seconde branche.

2. Louis-Marie-Anne, dont sont issus les rameaux des comtes et des barons de Talleyrand.

VII.

Compte des sommes dues à la Princesse des Ursins et de celles qui lui ont été payées.

1º Par un arresté de compte du vingt-cinq juillet mil six cent quatre-vingt-quatorze, signé de madame la Princesse des Ursins, il luy restoit deu pour reste des arrerages de son douaire, au 16 novembre 1694.. 20,287^{tt} 14^{s}

Il en est echu depuis, au 16 novembre 1722, vingt-huit années montantes, a raison de 10,000^{tt} par an, attendu qu'elle n'a rien touché du transport de 2,000^{tt} qui luy avoit esté fait sur la maison de Joyeuse, à 280,000^{tt}, cy............ 280,000   »

300,287^{tt} 14^{s}

dit que Chilloux avait acquis de François Guy, écuyer, sieur du Breuil de Champniers, différentes rentes ; qu'à l'égard de celles reconnues relever dudit sieur de Tallerand, licitées à 825 livres, il voulait les retirer par retrait féodal, etc.

(Arch. dép. de la Charente, fonds de l'évêché, série G, liasse 32, Champniers et Vars.)

Sur quoy a esté payé :				Montant de l'autre part.	78,469^tt^	13^s^	6^d^
En 1694 et 1695.	7,800^tt^	»^s^	»^d^	En 1709.........	5,785	15	»
En 1696.........	5,650	»	»	En 1710.........	3,905	»	»
En 1697.........	9,993	»	»	En 1711.........	3,350	»	»
En 1698.........	6,950	»	»	En 1712.........	2,800	»	»
En 1699.........	8,004	»	»	En 1713.........	5,800	»	»
En 1700.........	9,220	»	»	En 1714.........	8,850	»	»
En 1701.........	7,565	»	»	En 1715.........	2,900	»	»
En 1702.........	5,789	15	6	En 1716.........	1,700	»	»
En 1703.........	3,800	»	»	En 1717.........	2,000	»	»
En 1704.........	3,540	»	»	En 1718.........	1,000	»	»
En 1705.........	2,949	»	»	En 1719.........	6,800	»	»
En 1706.........	1,800	»	»	En 1720.........	103,575	16	»
En 1707.........	2,200	»	»	En 1721.........	1,600	»	»
En 1708.........	3,208	18	»	En 1722.........	3,800	»	»
	78,469	13	6		232,336	4	6

Plus, il faut déduire 6,250^tt^ pour le dixième, pendant six ans trois mois qu'il a eu lieu, à raison de 1,000^tt^ par an, cy.. 6,250   »   »

      238,586   4   6

Il estoit deu............................. 300,287^tt^ 14^s^ »^d^
Sur quoy a esté payé................ 238,586   4   6

Partant, reste deu. 61,701   9   6

2º Madame la duchesse de Brachane est en parfaite santé, Monsieur, j'en recois presque toutes les semaines des nouvelles par monsieur d'Aubigny, je croy que vous en apprendrez bientost par elle meme, scuivant ce qu'elle m'a fait l'honneur de m'écrire, et dans ce meme moment vous pouvez compter, Monsieur, que je vous l'envoyerez, je m'en feray un tres grand plaisir et de rechercher toute ma vie les occasions de vous marquer que personne au monde n'est avec plus de considération et d'attachement que moy, Monsieur, votre tres humble, tres obéissant serviteur,

Le Roy.

A Paris, ce 12e may 1696.

Avec la vostre, Monsieur, j'ay receu la lettre de change que

vous m'avez envoyé de la somme de mille livres, et deux autres
de monsieur du Mayne, de la somme de quinze cents livres,
scavoir une de mille livres et l'autre de cinq cents livres.

Au dos est écrit :   A Monsieur
Monsieur le Marquis d'Exideüil,
à Mareuil, par
Angouleme.

3° Je reconnois que M. Bonain m'a remis entre les mains la
somme de quatre-vingt-dix mil livres en billets de la banque
royalle, de laquelle somme je promets luy fournir une quittance
pardevant notaire, incessamment, comme fondé de procuration de
madame la Princesse des Ursins, et main levée de toutes les
saisies et oppositions faites à sa requeste sur monsieur le prince
et madame la princesse de Chalais, en l'acquit desquels le dit
Sr Bonain m'a remis la dite somme de 90,000^{tt}, et de consentir,
audit nom, par la mesme quittance, aux subrogations qui me
seront demandées par le dit Sr Bonain. Fait à Paris, ce 9° aoust
1720. Signé DAUBIGNY.

4° Lettre de Bonain à la princesse de Chalais ; il lui donne
des renseignements sur le placement de ses effets visés en
rentes viagères au denier vingt-ung et termine ainsi :

M. Daubigny n'a point encore receu response de la personne
à qui il a escrit pour avoir éclaircissement sur les articles de
payement faits à feue madame des Ursins qui n'estoient point
compris dans l'estat général qui vous a esté envoyé, il attend
cette réponse dans deux ou trois jours au plus tard ; dès qu'il me
l'aura donnée, j'auray l'honneur de vous en rendre compte.
Je suis, Madame, etc.

BONAIN.

A Paris, le 26 février 1723.

5° *Procuration de la duchesse de Bracciano pour recevoir ses
revenus. (20 septembre 1682.)*

Pardevant nous, conseiller du roy, notaire au Châtelet de Paris,
soussigné, présents les témoins sous nommés, fut présente tres
haulte et tres puissante princesse madame Marie-Anne de la

Trimouille, épouse de tres hault et tres puissant prince monseigneur Flavio des Ursins, duc de Bracciano, autorizée dudit seigneur-duc par le contract de leur mariage, et encore autorizée et procuratrice dudit seigneur, demeurant ladite dame à Paris, rue Quinquempoix, paroisse Saint-Mederie, estant de présent à Versailles, laquelle a fait et constitué son procureur general et special Me Daniel Nicolas, cÿ-devant senechal de Chalais, auquel elle donne pouvoir, de pour et de en son nom, recevoir de monsieur le prince de Chalais tous les arrerages qui escheront à ladvenir à commencer au jour et fete de Noel prochain, de la pension de dix mil livres par chacun an que ledit seigneur prince de Chalais est obligé de faire à madite dame duchesse, suivant la transaction passée pardevant Done et Mouffle, notaires à Paris, le cinq avril mil six cent soixante-dix-sept, comme aussy pour recevoir dudit seigneur prince la somme de trente-six mil livres, de laquelle il est demeuré reliquataire envers ladite dame duchesse, suivant l'acte en forme de compte passé entre elle et ledit Sr Me Nicolas comme stipulant pour ledit seigneur prince, pardevant nous, notaire soussigné, presents tesmoins, mesme recevoir lesdits interets jusques à entier payement de la somme de vingt-neuf mil quatre cent vingt-deux livres de principal, faisant partye desdites trente-six mil livres, du revenu desdits arrerages de pension, somme de trente-six mil livres et interets, s'en tenir par ledit sieur pour content et en donner quittance et descharge valable, et en refus de payements faire toutes saisyes, arrets, executions et autres, et dilligences nécessaires tant contre ledit seigneur prince que les fermiers et débiteurs, donner toute main levée, prester tous consentements, etc. Fait et passé à Versailles, en présence de Mr Charles Levesque, S. Jacques Martin, bourgeois de Paris, demeurant rue Montmartre, et de Mr Josse Hertsfel....

L'an mil six cent quatre-vingt-deux, le vingtieme jour de septembre, avant midi, et ont signé.

MARIANE DE LA TREMOILLE DES URSINS,
DUCHESSE DE BRACHANE.

JOSSE HERTSFELT.   MARTIN.   LEVESQUE
ROUTIER.

6º *Autorisation donnée par le duc de Bracciano à la duchesse
pour agir dans toutes ses affaires de France. (26 décembre
1695.) — Procuration de la duchesse de Bracciano pour
recevoir ses revenus. (9 juillet 1696.) — Légalisation par le
cardinal de Janson-Forbin, chargé d'affaires du roi de France
auprès du Saint-Père. (10 juillet 1696.)*

Au nom de Dieu, ainsi soit-il.

Ce jourd'huy vingt-sixième du mois de décembre de l'an de
grace mil six cent quatre-vingt-quinze, du pontificat de nostre
Sainct-Père le Pape Innocent XII⁰ de ce nom, l'année cinquième,
par devant moy le notaire publiq soubsigné, présents les témoins
bas nommés fut présent très hault et très puissant prince Flavio
Orsino, duc de Bracciano, conte de Languillara, duc de Santo
Gemini, prince de Nerola et de Scandiglia, conte de Galeva,
prince de l'empire, conte palatin, grand d'Espaigne de la première classe, prince du trone papal, marquis de Rocca-Antica et
della Pena, seigneur de Torris, de moy dit notaire très bien connu,
disant de son gré que cy-devant, par acte passé devant Augustin
Viola, notaire de la chambre apostolique à Rome, le 22 novembre
1681, déposé pour minute a Remon, notaire au Chatelet de Paris,
le 30 décembre audit an, il aurait authorisé irrevocablement très
haulte et tres puissante princesse Marie-Anne de la Trémoille,
duchesse de Bracciano, son épouse, pour agir dans toutes ses
affaires en France; en conséquence duquel acte ladite dame, son
épouse, aurait passé plusieurs contrats et actes avec différents
particuliers pour raison de ses biens et affaires en France, et
d'autant qu'elle souhaitteroit renouveller ladite authorisation.

C'est pourquoy mondit seigneur duc de Bracciano a dit et dé-
claré qu'il authorise de rechef et d'abondant par ces présentes
ladite dame son épouse tant à l'effet de rattifier d'abondant par
elle tous les contracts et actes qui ont esté par elle passés en
France depuis et en conséquence de sondit acte d'authorisation
du 22 novembre 1681, avec telles personnes que ce soit et spécial-
lement le contract de constitution de douze cent cinquante livres
de rente rachaeptable de la somme de vingt-cinq mille livres
constituée par ladite dame, au profit de hault et puissant seigneur

messire Anthoine-François de la Trémoille, duc de Noirmoutier, son frère, le 20 février 1695, plus les transactions passées entre ladite dame duchesse de Bracciano, ledit seigneur duc de Noirmoutier et madame la princesse de Belmont de Lanty, ses frère et sœur, les 20 février et 15 juillet 1695, pour raison de leur légitime à eux deüe par ladite dame duchesse de Bracciano, ensemble la transaction qui a esté ou sera passée en vertu de la procuration que ladite dame a donné avec messieurs les tuteurs et conseil de la tutelle de mademoiselle de Royan, sa niepce, au sujet de ladite légitime, que pour passer à l'advenir, par ladite dame, tous contracts, actes, pouvoirs, à qui et avec quelques personnes que ce soit pour raison de tous les biens et effects qu'elle a en France; ledit seigneur de Bracciano authorisant par ces présentes irrévocablement ladite dame son épouse à ce sujet, sans qu'il soit besoin d'aucune autre plus ample ny plus spécialle authorisation, dont et de quoy il requier acte à luy octroyé. Fait et passé à Rome, dans l'hôtel de Bracciano, autrement des Orsini, scitué dans la place Navonne, en présence de M. le marquis Jean Grégoire et de M. Julle-César Fede, témoins à ce requis et appelés. Ledit seigneur duc a signé et mondit notaire en foy et ainsi signé dans la minute : — FLAVIO ORSINI, duc de Bracciano; — JACOBUS DELACROIX, *notarius rogatus.*

De plus, cejourdhuy, neufvième du mois de juillet de l'an de grace mil six cent quatre-vingt-seize, l'année cinquième dudit pontificat, pardevant moy le notaire public soussigné, présents les tesmoins bas nommés, fut présente très haulte et très puissante princesse Marie-Anne de la Trémoille des Ursins, duchesse de Bracciano, et de moy dit notaire très bien connue, laquelle authorisée comme cy-dessus, de son pur gré a fait et constitué son procureur général et spécial M. Pierre de Beauregard, sieur du Maine, lieutenant du marquisat d'Excideüil, de pour et au nom de ladite dame duchesse de Bracciano, exiger et recevoir de tous ceux qu'il appartiendra les sommes écheües et à échoir des fermes et autres effects cédés à ladite dame duchesse, constituante par monseigneur de Chalais; du receu en donner quittances et décharges vallable, et, s'il est nécessaire, plaider, opposer, appeler, élire domicile, protester de voyages, séjours, dépens, dommages et intérêts, procéder par saisies et arrêts, avec ample pouvoir pour le plaidoyé et de substituer d'autres procureurs, et générallement promettant, obligeant, renonçant. Fait et passé à Rome, dans ledit hostel, en présence de sieur Guillaume Dubourdieu et de sieur Anthoine Bellin, témoins à ce requis et appelés. Ladite dame duchesse constituante a signé et moy dit notaire en foy.

MARIE-ANNE DE LA TRÉMOILLE DES URSINS,
duchesse de Brachane.

Ita est Jacobus Delacroix, publicus apostolica aucthoritate notarius de præmissis rogatus in fidem.

Toussains, cardinal de Janson de Forbin, évêque et comte de Beauvais, pair de France, commandeur des ordres du roy, chargé des affaires de Sa Majesté très chrétienne, auprès de notre Saint-Père le pape, certifions à tous ceux qu'il appartiendra que le sieur Delacroix, devant qui le présent acte a été passé, est notaire public en cette ville, et qu'à ses actes foy doit estre ajoutée. Donné à Rome, le 10e juillet 1696.

T. CARD^l DE JANSON FORBIN.

Sceau du cardinal (1).

---

(1) V. planche II des *fac-simile*, n° 5. — Le cachet porté par erreur aux n°' 1 et II, même planche, doit se placer après la lettre du prince de Chalais.

FIN.

103

103

Fac-Simile de l'écriture de la princesse des Ursins et de son secrétaire Delatize. Cette lettre adressée par M^e des Ursins à son neveu le prince de Chalais est écrite par Delatize.

a Genes le 6e fev.r 1718

....

....

c'est grand domage qu'une aussy jolie femme
que mad.e La D.sse de Bejar soit morte, c'est une
douloureuse perte pour m.r son mary, que je
plains fort en cette occasion j'ay escris a
mad.e de Cordoüe pour luy marquer La part
que je prends a l'afliction qu'elle et m.lle
sa soeur ont de cette perte qu'eu une mar-
que de leur bon coeur je ne leur ay
pas laissé ignorer combien Le notre est
touché de la maniere obligeante dont elles
en usent avec v. e pour moy mon cher
neveu je leur en s̄cay Le meilleur gré du
monde, par l'interest que je prends a tout
ce qui vous touche je ne dtte que je vous
persuaderai aisement cette verité, et que
personne ne vous honnore d'auantage
que votre tres humble, et tres obeissante
servante

La princesse des Ursins

Fac-Simile de l'écriture de Jean-Charles de Talleyrand, prince de Chalais, neveu de la princesse des Ursins.

a Fontainebleau ce premier octobre 1738

je donne cette Lettre a monsieur de chatauroy qui part
pour sen aller au pays ce sera une Lettre de change
pour La somme de trois cent quarante et six Livres
pour Le prix dune cheual que iay pris dune de ces
amis udyes auec La permission de ma mere a
prendre cette somme sur sa recepte et sil ny auoit
point dargent empruntés Je partequil ne faut pas
manquer a sa parolle que ie donne
                              Le prince de chalais

I. et II. **Fac-Simile** de l'écriture de la princesse des Ursins, (1680-1695).

Mariage deLatremoiste des ursins
duchesse de Brachane

Marieanne delatremoille des ursins duchesse de brachane

III.   De Jean de Talleyrand, beau-frère de la princesse, (1680).

Jean de Talleyrand de perigord

IV.   De Delatize, secrétaire de la princesse à Gênes, (1717).

Delatize

V.   Du cardinal de Janson Forbin, ambassadeur de France à Rome (1695).

I. Card.l de Janson
Forbin

Monsieur

permettez moy s'il vous plaist de m'adresser a
vous pour sçavoir ce que ie dois respondre a Mad
la Princesse des Ursins sur les plaintes quelle
me fait du peu d'argent que vos fermiers
envoyent a Mr le Roy. elle n'a iamais esté
bien payée ; mais depuis quelle est sortie de
france en derniers lieu, il semble que ces gens la
la compte pour rien. sa situation cependant
demande des secours prompts et effectifs car depuis
la guerre de sicile, elle ne tire plus rien d'Espagne
et elle perd acause du change la moitié de ce
que ie puis luy envoyer d'Icy. . . . .
. . . . , ie reconnois par
cette lettre pour bien employer tous les
payemens faits a compte de ce qui est deub
a S. a. Dont Mr le Roy a donné des receus.
Jay l'honneur d'estre avec l'attachement le
plus respectueux

Monsieur
Vostre tres humble et tres
obeissant serviteur

a Paris le 12 Juin 1719   D'aubigny

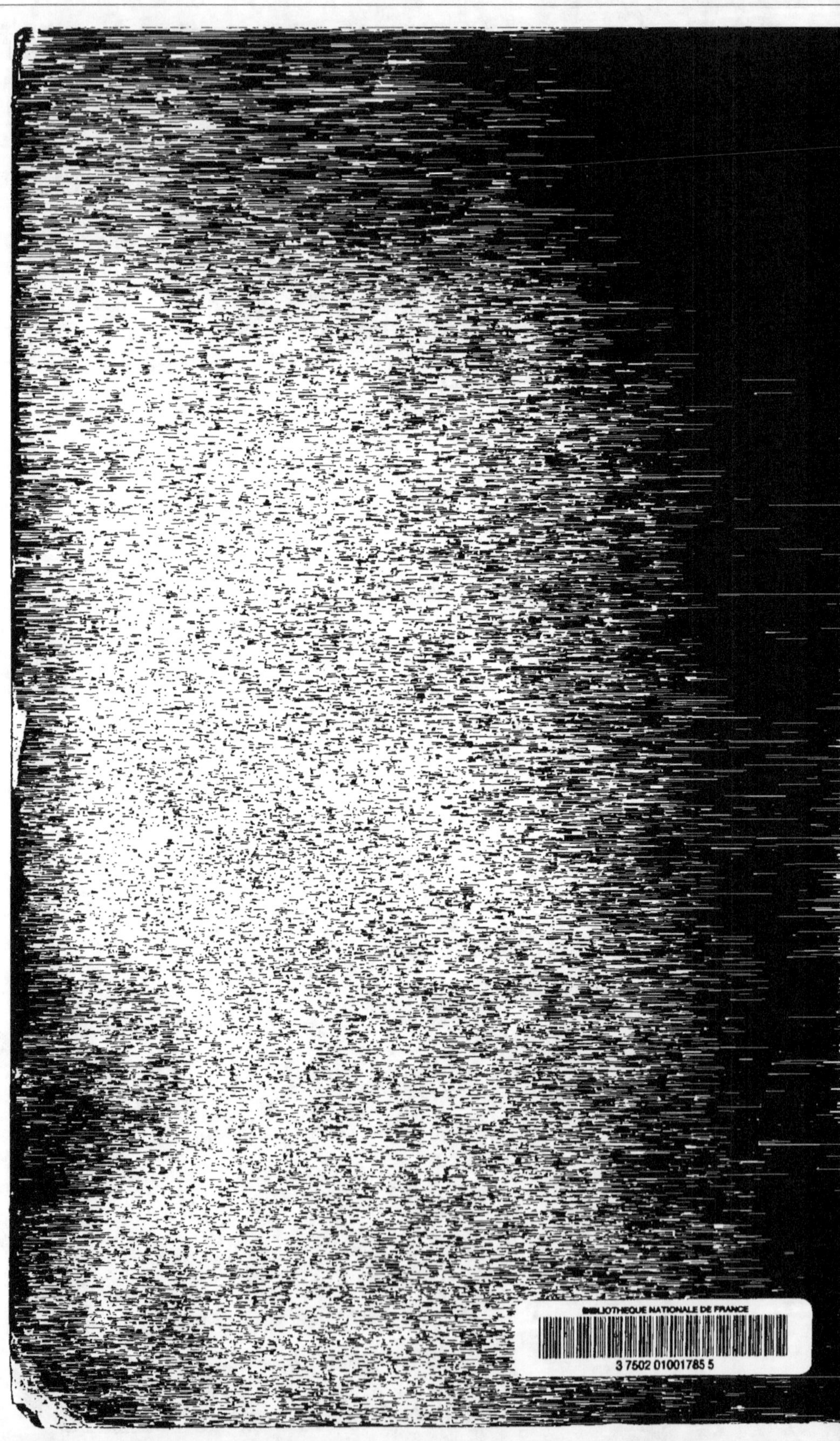

www.ingramcontent.com/pod-product-compliance
Lightning Source LLC
Chambersburg PA
CBHW061331060726

47596CB00003B/1198